HAMBURGER QUATSCH MACH BUCH

Nina Takata

* kritzeln
* klecksen
* kreativ sein

Carl Schünemann Verlag

Lieber Quatschmacher,
das hier ist dein Buch – du kannst damit machen, was dir gefällt. Du kannst es ausmalen, weitermalen und bekleben. Du kannst etwas ausschneiden, erfinden oder sammeln. Oder du kleckst, klebst und kritzelst. Oder … du lässt es. Aber wer würde dann dafür sorgen, dass Hamburg bunt wird? Also schnapp dir Stifte, Malkasten, Schere und Kleber – und los geht's.

Viel Spaß dabei wünscht dir
deine Jette

So sehe ich aus:

Ich heiße _ _ _ _ _ _ _ _ _ _ _ _

und bin _ _ _ Jahre alt.

Ich wohne in _ _ _ _ _ _ _ _ _ _ _ _

und das ist ungefähr hier:

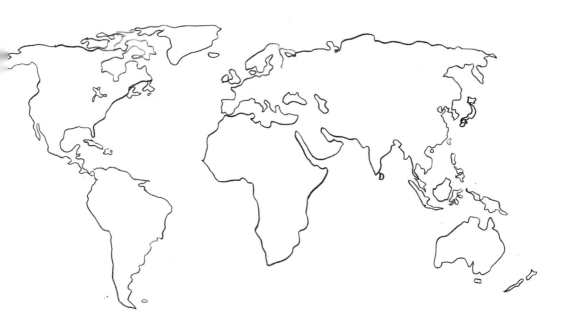

Der Hamburger Hafen ist der größte Seehafen Deutschlands.
Da ist auch noch Platz für dein Boot!
Wie du es baust, zeigt dir Jette.

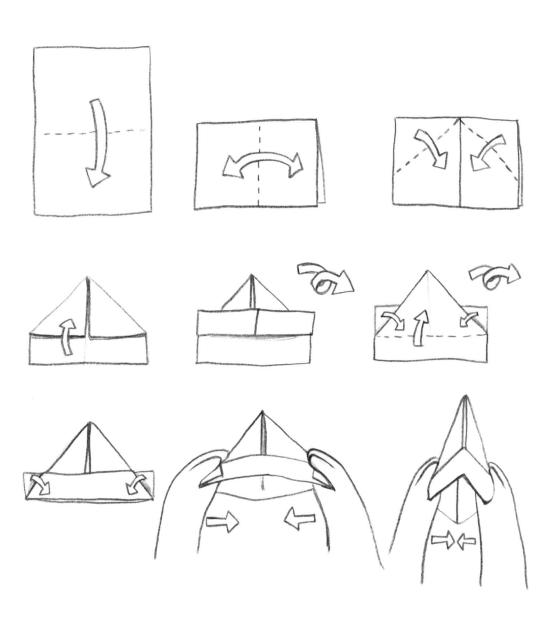

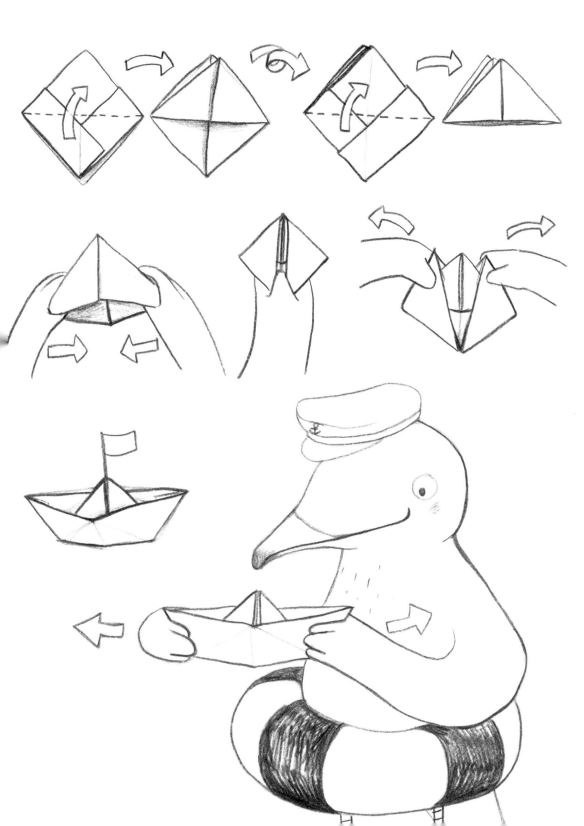

Kennst du schon die Geschichte vom Hemd des Kapitäns?
Darüber werden deine Eltern und Freunde bestimmt staunen.

Es war einmal ein Piratenschiff, das vor der Nordseeküste kreuzte.
Es wartete auf eine Flotte, die Schätze aus Übersee nach Hamburg
bringen sollte. Doch dann kam ein Sturm auf. Das Schiff wurde von den
Wellen hin- und hergeworfen. *(Lass das Papierschiff wild schlingern.)*
Plötzlich tauchten scharfe Felsen im Wasser auf. Das Schiff wurde von
den Wellen dagegen geworfen und schlug am Bug leck!
(Reiß die Vorderseite des Schiffes ab.)

„Dort hinten ist Land in Sicht!", rief der Kapitän. Doch das Schiff
krachte erneut gegen die Felsen, diesmal mit dem Heck.
(Reiß die hintere Seite ab.)

Dann erfasste auch noch eine riesige Welle das Schiff. Der Mast brach!
(Jetzt kannst du die Spitze des Schiffchens abreißen.)

Die erschöpfte Mannschaft schwamm zur Küste, doch der Kapitän
ging mit seinem Schiff unter. *(Fang langsam an, das Papier auseinander-
zufalten.)* Und alles, was man später von ihm fand, war sein Hemd.
(Jetzt kannst du das Hemd zeigen.)

Setz dir selbst ein Denkmal.
Wie soll dich Hamburg kennen?
Vielleicht als tollkühnen Piratenkapitän?

Aufregung in Hagenbeck:
So ein Tier hat hier noch niemand gesehen!

Jettes Familie lebt auf dem Rathausmarkt und macht richtig viel Dreck. Sei du auch mal Möwe und mach Dreck! Mit Deckweiß und ein bisschen Braun oder Grau ist das ganz leicht …

Oh Schreck! Was für ein Monster schwimmt denn da in der Alster?

Kirschblütenfest in Hamburg. Mal das tollste Feuerwerk, das Hamburg je gesehen hat! Du kannst dafür auch eine alte Zahnbürste benutzen, mit der kann man super Spritzer machen.

Lauter schräge Vögel! Hilf ihnen und bring richtig Farbe in den Straßenumzug. Hast du auch Glitzer oder Neonfarben?

Alle, die mit uns auf Kaperfahrt fahren, müssen Männer mit Bärten sein! Hein will natürlich mit, mach ihm einen Bart. Benutz dafür zum Beispiel Farbe oder Watte.

Klasse, dein eigenes Geschäft in der Mönckebergstraße!
Was kann man bei dir kaufen?

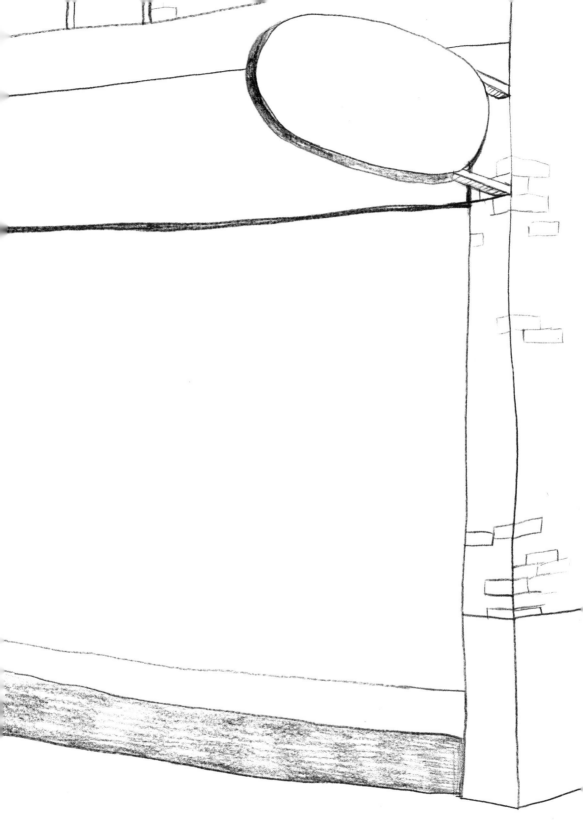

Straßen, U-Bahn, Radwege, Alsterkanäle ... Jette findet Hamburg von oben ganz schön wuselig. Kannst du ihr den Weg vom Fischmarkt zum Stadtpark zeigen?

Auf dem Dom haben die Geister heute frei. Mal schnell neue, damit die Geisterbahn trotzdem gruselig bleibt.

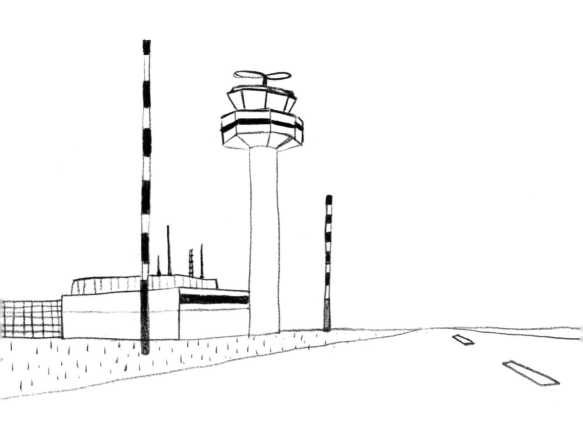

Aufregung in Fuhlsbüttel: Was kreisen denn da für merkwürdige Flugobjekte über dem Flughafen?

Nanu, was bringt denn dieses Schiff nach Hamburg?

Auf dem Jungfernstieg ist immer viel los.
Wer ist hier heute unterwegs?

Wahnsinn! Astronomen haben ein neues Sternbild über
Hamburg entdeckt. Wenn du die Zahlen miteinander
verbindest, kannst du es auch sehen.

In der Speicherstadt werden wertvolle und wichtige Dinge gelagert. Was bringst du in deinem eigenen Lagerhaus unter?

„Hisst die Segel!" Die Rick Rickmers will auf große Fahrt.
Kannst du ihr dafür Segel malen? Du kannst sie auch aus
buntem Papier ausschneiden und aufkleben.

Jette ist zwar keine Brieftaube, trotzdem liebt sie Postkarten. Und du? Diese hier kannst du selbst gestalten. Du kannst dich zum Beispiel neben Jette malen, die Karte ausschneiden und mit deinem ganz persönlichen AHOI an einen Freund schicken.

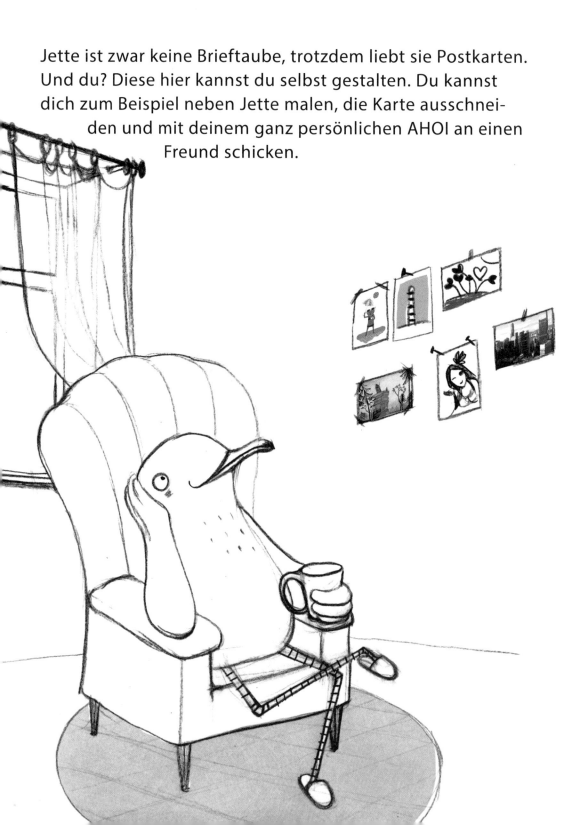

Wenn du deine Postkarte noch stabiler machen möchtest, kannst du hier ein Stück Pappe zwischenkleben.

— — — — — — — — — Hier knicken — — — — — — — —

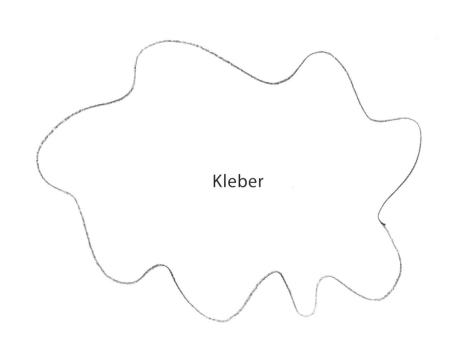

Kleber

Au weia! Der Gärtner hat die Pflanzen versehentlich mit Himbeer-Brause gegossen und jetzt das:

Der Smutje hat Angst vorm Tätowieren. Muss ja keiner wissen … Mit Kuli gemacht sieht es toll aus und tut gar nicht weh.

Das findet Hans Hummel gar nicht lustig: Freche Kinder haben ihm seine Eimer geklaut. Was trägt er jetzt?

„So 'n Schiet!", schimpft Jette! Überall am Alsterwanderweg machen Hunde ihre Haufen. Wer macht wie?

... und wer war das?

Einbruch in der Kunsthalle: Ein wertvolles Gemälde wurde geklaut. Egal, deine Bilder sind genauso schön! Häng sie hier auf.

Titel
• Künstler
Datum

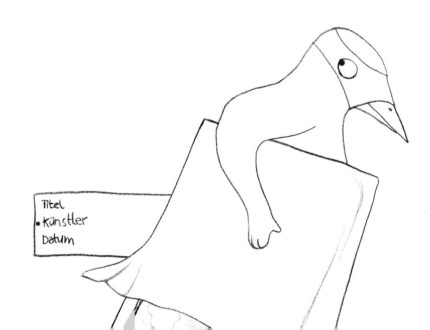

HSV oder St. Pauli – für wen schlägt dein Herz? Entwirf deinem Verein das tollste Trikot aller Zeiten.

In der HafenCity wimmelt es wie immer von Spinnen. Spinn du mal rum und mach mit ihnen das größte Netz aller Zeiten.

Im Völkerkundemuseum gibt es ziemlich gruselige Masken. Mal noch ein paar neue für die Sammlung. Je fürchterlicher, desto besser!

Pssst, Geheimrezept …
Was schmeißt du aal rin in deine Aalsuppe?

Das Hamburger Wappen – was da wohl hinter dem Tor los ist?

Was für ein Geschrei!
Und was für ein Quatsch, den die Marktschreier da rufen!

Nina Takata kritzelt sich kreuz und quer durch ihre Heimatstadt. Sie ist in Hamburg geboren, hat an der Alster freie Kunst studiert und lebt und arbeitet seit 2008 als freie Illustratorin in der Hansestadt.
Sie liebt die Nordsee, den frischen Wind im Gesicht und Bismarckhering vom Fischmarkt –
eine waschechte Hamburger Deern eben!

© Carl Schünemann Verlag GmbH, Bremen
www.schuenemann-verlag.de
Nachdruck sowie jede Form der elektronischen Nutzung
– auch auszugsweise – nur mit Genehmigung des Verlages.
Idee/Illustration: Nina Takata | Redaktion: Caroline Simonis
Gesamtherstellung: Carl Schünemann Verlag GmbH
Printed in EU 2013 | ISBN 978-3-944552-00-2